CULEBRAS DE CASCABEL

BIBLIOTECA DE DESCUBRIMIENTOS DE CULEBRAS

Sherie Bargar   Linda Johnson

Versión en español de Argentina Palacios

Fotógrafo/Consultor: George Van Horn

The Rourke Corporation, Inc.
Vero Beach, Florida 32964

Library of Congress Cataloging in Publication Data

Bargar, Sherie, 1944-
   [Rattlesnakes. Spanish]
   Culebras de cascabel / Sherie Bargar, Linda Johnson; versión en español de Argentina Palacios; fotógrafo/consultor, George Van Horn.
      p. cm. — (Biblioteca de descubrimientos de culebras)
   Incluye índice.
   Resumen: Introducción a las características físicas, el ambiente natural y la relación de las distintas especies de culebras de cascabel con los seres humanos.
   ISBN 0-86593-330-8
   1. Culebras de cascabel—Literatura juvenil. [1. Culebras de cascabel. 2. Culebras venenosas. 3. Culebras. 4. Materiales en español.] I. Johnson, Linda, 1947-   . II. Van Horn, George, ilust. III. Título. IV. Serie: Bargar, Sherie, 1944-   . Biblioteca de descubrimientos de culebras. Español.
QL666.O69B3918 1993
597.96—dc20
                                                      ⸰ 93-13897
                                                        CIP
                                                        AC

ÍNDICE DE MATERIAS

LAS CULEBRAS DE CASCABEL

Las 70 especies de culebras de cascabel **venenosas,** también llamadas crótalos, forman parte de la familia *Crotalid.* El singular cascabel hueco de la cola de estas culebras no siente nada. Está compuesto de pedazos de material duro, apenas conectado entre sí, como el que forma las uñas de los seres humanos. Cada vez que la culebra muda se añade un cascabel más. La culebra, que es sorda, no puede percibir ni siquiera el sonido de su propio cascabel.

Cascabel lomo de diamante del este
Crotalus adamanteus

DÓNDE SE ENCUENTRAN

Los desiertos, las montañas, los bosques y los pantanos de Estados Unidos y México son morada de las culebras de cascabel. Ciertas especies se encuentran en Centroamérica y Suramérica.

La tímida cascabel se esconde en rendijas, en las **madrigueras** de otros animales y bajo matorrales. En esos lugares se mantiene calentita en el invierno y fresca en el verano.

Cascabel lomo de diamante del e:
Crotalus adamanteus

ASPECTO FÍSICO

El cuerpo pesado y fuerte de las culebras de cascabel es de distinto largo. La cascabel pigmea tiene unas 18 pulgadas de largo, pero la lomo de diamante del este tiene unos 5 pies de largo. Las escamas de **quilla** de la cascabel forman distintas marcas distintivas. Algunas tienen bandas y otras tienen diamantes en el lomo.

scabel pigmea sombreada
ɔre una cascabel
ntroamericana

ʻalle de las escamas de quilla de
ı cascabel lomo de diamante del este

LOS SENTIDOS

La culebra de cascabel saca y mete la lengua rápidamente y lleva partículas del área circundante. El órgano de Jacobson en el cielo de la boca **analiza** las partículas para enterarse de lo que hay por ahí cerca. A corta distancia, los ojos y las fosas receptoras de calor que tiene en la cara le dicen la ubicación y el tamaño de la **presa.** Cuando la presa está bien cerca, la cascabel ataca.

Cascabel pigmea mexicana   Sistrurus ravus

Cascabel de cola negra   Crotalus molusus

LA CABEZA Y LA BOCA

La ancha cabeza triangular de la culebra de cascabel tiene dos fosas receptoras de calor. Al morder, los largos colmillos huecos que han estado plegados hacia el cielo de la boca se extienden. Los músculos que rodean las glándulas de **ponzoña** arrojan el veneno por los colmillos a la presa. Las mandíbulas se estiran como una liga de caucho para engullir al animal entero. El conducto respiratorio se extiende desde la garganta hasta el frente de la boca y permite que la culebra respire mientras engulle la presa.

Cascabel lomo de diamante del e.
Crotalus adamanteus

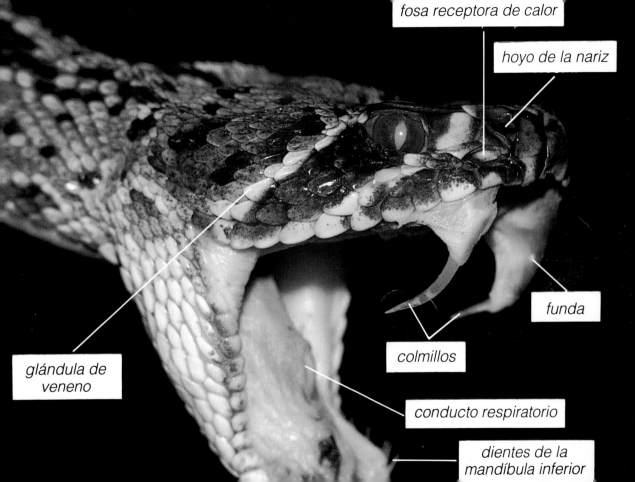

fosa receptora de calor

hoyo de la nariz

funda

colmillos

glándula de veneno

conducto respiratorio

dientes de la mandíbula inferior

LAS CRÍAS

Todas las especies de culebras de cascabel difieren un poquito entre sí, pero a fines del verano o principios del otoño, la de lomo de diamante del este tiene de 10 a 15 crías. Los bebés tienen unas 12 pulgadas de largo y pesan unas 3 onzas. Las recién nacidas se defienden por sí mismas inmediatamente. En el transcurso de un año, la cascabel de lomo de diamante puede alcanzar 3 pies de largo y pesar hasta 4 libras.

LA PRESA

La piel de la culebra de cascabel le proporciona **camuflaje** en su hábitat. Sin que otros la vean, depende de la sorpresa para cazar con éxito. Su presa normal consiste en ratones, ratas, aves y lagartijas pero una cascabel grande puede engullir un conejo de 5 libras. La cascabel inyecta su ponzoña y espera a que su presa muera. Entonces la engulle entera.

Cascabel lomo de
diamante del este
Crotalus adamanteus

DEFENSA

El camuflaje protege a la culebra de cascabel de sus enemigos. Si no se puede esconder, esta culebra huye del peligro. Cuando no puede huir del enemigo, se enrosca y le da la cara al enemigo y menea el cascabel para que los demás sepan que está allí. El sonido del cascabel se puede percibir a 100 metros de distancia. Si el enemigo se acerca demasiado, la culebra ataca.

Cascabel albina lomo
de diamante del oeste
Crotalus atrox

LAS CULEBRAS DE CASCABEL Y LOS SERES HUMANOS

Las culebras de cascabel comen ratas y ratones que destruyen las cosechas. Los científicos estudian la ponzoña de la cascabel para averiguar más sobre el cuerpo humano. Los peores enemigos de las culebras de cascabel son los seres humanos porque están destruyendo el hábitat natural de las culebras.

Glosario

analizar — Averiguar qué es algo.

camuflaje — El color de la piel de un animal se confunde con el suelo de los alrededores.

madriguera — Un hoyo excavado en el suelo por un animal para que le sirva de vivienda.

ponzoña — Una sustancia química producida por los animales que enferma a otros animales o seres humanos o los mata.

presa — Un animal que caza o mata otro animal para comer.

quilla — Que tiene un ribete por el medio.

veneno — Una sustancia que enferma o causa la muerte cuando entra en el cuerpo.

ÍNDICE